NOTICE

DE

LIVRES ANCIENS ET MODERNES

BIEN CONDITIONNÉS.

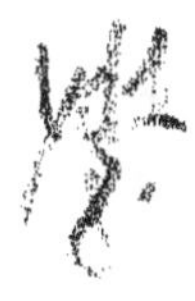

CONDITIONS DE LA VENTE.

La vente est faite au comptant.

Il y aura, le jour de la vente, de deux heures à quatre, exposition des ouvrages qui seront vendus le soir.

Les acquéreurs payeront, en sus des enchères, cinq centimes par franc, applicables aux frais.

A la fin de la vacation il sera vendu trois cents volumes en lots.

Paris. — Imprimerie de Adolphe Lainé, rue des Saints-Pères, 19.

NOTICE

DE

LIVRES ANCIENS ET MODERNES

BIEN CONDITIONNÉS

Dont la vente aura lieu le samedi 30 septembre 1871
à 7 heures et demie du soir

Rue des Bons-Enfants, 28, maison Silvestre

(Salle nº 1)

Par le ministère de Mᵉ Delbergue-Cormont, commissaire-priseur

Rue de Provence, 8

Jurisprudence. — Économie politique.
— Catalogues de beaux-arts. — Anacréon,
in-4, mar. — Contes de La Fontaine,
édition des Fermiers généraux. — Boccace, 5 vol. in-8, mar. r. — Thesaurus
linguæ græcæ. — Livres en lots.

PARIS

ADOLPHE LABITTE, LIBRAIRE

4, RUE DE LILLE, 4

—

1871

NOTICE

DE

LIVRES ANCIENS ET MODERNES

BIEN CONDITIONNÉS.

---

1. Biblia polyglotta, edidit Waltonius. *London,* 1657, 6 vol. gr. in-fol. rel. (*Mouillures.*)

---

2. Cochin. OEuvres, contenant le recueil de ses mémoires et consultations. *Paris,* 1751-57, 6 vol. in-4, rel. veau. (*Portr.*)

3. Pothier. Traités sur différentes matières de droit civil. *Paris et Orléans,* 1781, 4 vol. (*Portr.*) — OEuvres posthumes. *Paris,* 1787-1788, 3 vol. (*Portr.*) En tout, 7 vol. in-4, veau.

4. Coutumes des duché, bailliage et prévôté d'Orléans et ressort d'iceux, avec notes, par Pothier; nouv. édit. *Paris et Orléans,* 1780, in-4, veau.

5. Aguesseau (D'). OEuvres. *Paris,* 1787, 12 vol. in-4, veau marbr.

6. Ortolan. Histoire de la législation romaine depuis son origine jusqu'à la législation moderne. *Paris,* 1846, in-8, demi-rel.

6 *bis.* —Explication historique des Institutes de l'empereur Justinien. *Paris, Joubert,* 1844, 2 vol. in-8, demi-rel. ch. n.

7. Institutes de l'empereur Justinien, trad. par Du Caurroy de La Croix. *Paris,* 1821, in-8, demi-rel.

8. Justinien. Institutes, nouvellement expliquées par A.-M. du Caurroy. *Paris, Nève,* 1826, 4 vol. in-8, demi-rel.

9. — Institutes, trad. et expl. par L. Étienne. *Paris, Cotillon,* 1846, 2 vol. in-8, demi-rel. ch. n.

10. Machelard. Textes de droit romain. *Paris, A. Durand,* 1856, in-8, demi-rel. ch. n.

11. Pellat. Textes choisis des Pandectes, traduits et commentés. *Paris,* 1859, in-8, demi-rel.

12. Institutes de Gaius, trad. par Boulet. *Paris,* 1827, in-8, demi-rel. mar.

13. M. C.-A. Pellat. Textes du droit romain sur la dot, annotés. *Paris, Gobelet,* 1836, in-8, demi-rel. ch. n. — Textes sur la dot, trad. et commentés. *Paris, Thorel,* 1847, in-8, demi-rel. ch. n.

14. Zimmern. Traité des actions, ou Théorie de la procédure privée chez les Romains. *Paris, Toussaint,* 1846, in-8, demi-rel. ch. n.

15. C.-A. Pellat. Exposé des principes généraux du droit romain sur la propriété. *Paris, Plon,* 1853, in-8, demi-rel. ch. n.

16. Ch. Demangeat. Des Obligations solidaires en droit romain. *Paris, Marescq,* 1858, in-8, demi-rel. ch. n.

17. — De la Condition du fonds dotal en droit romain. *Paris, Marescq,* 1860, in-8, demi-rel. ch. v.

18. E. Machelard. Des Obligations naturelles en droit romain. *Paris, A. Durand,* 1861, in-8, demi-rel. ch. m.

---

19. Lepec. Bulletin annoté des Lois. *Paris, P. Dupont,* 1857, 20 vol. in-8, demi-rel. ch. n.

20. Proudhon. Cours de droit français. *Dijon, Bernard Defay,* 1810, 2 vol. in-8, demi-rel. ch. n.

21. Duranton. Cours de Droit français. *Paris*, 1828-1834. Vol. 2, 3, 4, 7, 16, 18. — 6 vol. in-8, demi-rel. mar.

22. Sintenis. Handbuch des gemeinen Pfandrechts. *Halle*, 1836, in-8, demi-rel.

23. Rochau. Geschichte Frankreichs. *Leipzig*, 1858, 2 vol. in-8, demi-rel. mar. n.

24. P.-A. Dufau. Traité de statistique, ou Théorie de l'étude des lois. *Paris, Delloye*, 1840, in-8, demi-rel. ch. n.

25. Bonnier. Éléments d'organisation judiciaire, précédés d'une introduction sur la législation nouvelle. *Paris*, 1853, in-8, demi-rel.

26. — Traité théorique et pratique des preuves en droit civil et en droit criminel. *Paris*, 1852, in-8, demi-rel.

27. Demante. Programme du cours de droit civil français. *Paris, Gobelet*, 1830, 3 vol. in-8, demi-rel. ch. v.

28. — Cours analytique de code civil. *Paris, Gustave Thorel*, 1849, 2 vol. in-8, demi-rel. ch. n.

29. Mourlon. Répétitions écrites sur le code Napoléon, contenant l'exposé des principes généraux, leurs motifs et la solution des questions théoriques. *Paris*, 1853, 4 vol. in-8, demi-rel.

30. Th. Jouffroy. Cours de droit naturel. *Paris, Hachette*, 1858, 2 vol. in-12, demi-rel. ch. v.

31. L.-B. Bonjean. Traité des actions. *Paris, Videcocq*, 1845, 2 vol. in-8, demi-rel. ch. v.

32. Pardessus. Traité des servitudes, ou services fonciers. *Paris*, 1838, 2 vol. in-8, demi-rel.

33. Ortolan. Éléments de droit pénal. *Paris, Plon*, 1855, in-8, demi-rel. ch. n.

34. Boitard. Leçons sur le code pénal et d'instruction criminelle. *Paris, Cotillon*, 1851, in-8, demi-rel. ch. n.

35. — Leçons sur les codes pénal et d'instruction criminelle. *Paris*, 1853, in-8, demi-rel.

36. P. Bravard-Veyrières. Manuel de droit commercial. *Paris, Thorel*, 1851, in-8, demi-rel. ch. n.

37. H.-F. Rivière. Répétitions écrites sur le code de commerce. *Paris, Marescq*, 1857, in-8, demi-rel. ch. n.

38. Macarel. Cours de droit administratif professé à la Faculté de droit de Paris. *Paris, Gustave Thorel*, 1846, 4 vol. in-8, demi-rel. ch. n.

39. L. Cabantous. Répétitions écrites sur le droit administratif. *Paris, Marescq*, 1854, in-8, demi-rel. ch. n.

40. Bourgat. Code des douanes, ou Recueil des lois et règlements sur les douanes. *Paris, s. d.*, 2 vol. in-8, demi-rel. ch. v.

41. Petit. Traité complet du droit de chasse. *Paris, Thorel*, 1838, 2 vol. in-8, demi-rel. ch. n.

42. Théodore Ortolan. Règles internationales et diplomatie de la mer. *Paris, H. Plon*, 1856, 2 vol. in-8, demi-rel. ch. m.

43. Cauchy. Le Droit maritime international considéré dans ses origines et dans ses rapports avec les progrès de la civisation. *Paris*, 1862, 2 vol. in-8, demi-rel.

---

44. Précis de l'histoire de la philosophie. *Paris, Hachette*, 1834, in-8, demi-rel. ch. n.

45. Fichte. Destination de l'homme, traduit de l'allemand par Barchou de Penhoen. *Paris, Charpentier*, 1836, in-8, demi-rel. ch. bl.

46. Ph. Damiron. Cours de philosophie. *Paris, Hachette*, 1842, in-8, demi-rel. ch. n.

47. P.-J. Proudhon. De la Création de l'ordre dans l'humanité. *Paris, Prévôt*, 1843, in-12, demi-rel. ch. n.

48. J.-B. Victor Proudhon. Traité du domaine public ou de la distinction des biens. *Dijon, V. Lagier,* 1845, 4 tomes en 5 vol. in-8, demi-rel. ch. n.

49. Th. Jouffroy. Mélanges philosophiques. *Paris, Hachette,* 1860, in-12, demi-rel. ch. bl.

50. — Nouveaux Mélanges philosophiques. *Paris, Hachette,* 1861, in-12, demi-rel. ch. bl.

51. — Cours d'esthétique. *Paris, Hachette,* 1863, in-12, demi-rel. ch. v.

---

52. Ch. Coquelin et Guillaumin. Dictionnaire de l'économie politique. *Paris, Guillaumin,* 1852, 2 vol. gr. in-8. demi-rel. ch. n.

53. Joseph Droz. Application de la morale à la politique. *Paris, A.-A. Renouard,* 1825, in-8, demi-rel. ch. n.

54. Joseph Garnier. Éléments de l'économie politique. *Paris, Guillaumin,* 1846, in-12, demi-rel. ch. n.

55. M. Chevalier. Cours d'économie politique, rédigé par M. Broet. *Paris, Cupelle,* 1850, 3 vol. in-8, demi-rel. ch. viol.

56. Guillaume Roscher. Principes d'économie politique, trad. en fr. par Wolowski. *Paris, Guillaumin,* 1857, 2 vol. in-8, demi-rel. ch. n.

57. H. Baudrillart. Manuel d'économie politique. *Paris, Guillaumin,* 1857, in-12, demi-rel. ch. v.

58. — Études de philosophie morale et d'économie politique. *Paris, Guillaumin,* 1858, 2 vol. in-12, demi-rel. ch. n.

59. Vicomte Alban de Villeneuve-Bargemont. — Histoire de l'économie politique. *Paris, Guillaumin,* 1841, 2 vol. in-8, demi-rel. ch. n.

60. Blanqui. Histoire de l'économie politique en Europe. *Paris, Guillaumin,* 1842, 2 vol. in-8, demi-rel. ch. v.

61. Die Geschichte und Literatur der Staatswissenschaften. *Erlangen*, 1855-58, 3 vol. gr. in-8, demi-rel. chagr.

62. Simonde de Sismondi. Nouveaux Principes d'économie politique, ou de la Richesse dans ses rapports avec la population. *Paris, Delaunay*, 1827, in-8, demi-rel. v.

63. P.-L. Rœderer. Mémoires sur quelques points d'économie publique. *Paris, Firmin Didot*, 1840, in-8, demi-rel. ch. m.

64. F. Passy. Mélanges économiques. *Paris, Guillaumin*, 1857, in-12, demi-rel. ch. v.

65. Marquis de Chastellux. De la Félicité publique. *Paris, Renouard*, 1822, 2 vol. in-8, demi-rel. ch. n.

66. Gérando. De la Bienfaisance publique. *Paris, Renouard*, 1839, 4 vol. in-8, demi-rel.

67. Louis Reybaud. Études sur les réformateurs ou socialistes modernes. *Paris, Guillaumin*, 1844, 2 t. en 1 vol. in-8, demi-rel. v. v.

68. Michel Chevalier. Des Intérêts matériels en France. *Paris, Ch. Gosselin*, 1843, in-12, demi-rel. ch. n.

69. Mercier. De l'Influence du bien-être matériel sur la moralité des peuples modernes. *Paris, Renouard*, 1854, in-8, demi-rel.

70. Prosper Tarbé. Travail et salaire. *Paris, s. d.*, in-8, demi-rel. ch. n.

71. Villermé. Tableau de l'état physique et moral des ouvriers. *Paris, Jules Renouard*, 1840, 2 vol. in-8, demi-rel. dos de ch. fil. tr. dor.

72. C. Dunoyer. De la Liberté du travail, ou simple exposé des conditions dans lesquelles les forces humaines s'exercent avec le plus de puissance. *Paris*, 1845, 3 vol. in-8, demi-rel.

73. Louis Blanc. Organisation du travail. *Paris, Cauville*, 1845, in-12, demi-rel. v.

74. Chamborant (de). Du Paupérisme, ce qu'il était dans l'antiquité, ce qu'il est de nos jours. *Paris,* 1842, in-8, demi-rel.

75. D'Esterno. De la Misère, de ses causes, de ses remèdes, *Paris, Guillaumin,* 1842, in-8, demi-rel. ch. v.

76. E. Buret. De la Misère des classes laborieuses en Angleterre et en France. *Paris, Paulin,* 1840, 2 vol. in-8, demi-rel. v. f.

77. M. P.-R. Marchand. Du Paupérisme. *Paris, Guillaumin,* 1845, in-8, demi-rel. ch. n.

78. P.-J. Proudhon. Systèmes des contradictions économiques, ou Philosophie de la misère. *Paris, Guillaumin,* 1846, 2 vol. in-8, demi-rel. v. v.

79. Théodore Fix. Observations sur l'état des classes ouvrières. *Paris, Guillaumin,* 1846, in-8, demi-rel. ch. n.

80. A. Clément. Recherches sur les causes de l'indigence. *Paris, Guillaumin,* 1846, in-8, demi-rel. ch. n.

81. A. Moreau de Jonnès. Éléments de statistique. *Paris, Guillaumin,* 1847, in-12, demi-rel. ch. n.

82. Le Prince Oscar de Suède. Des Peines et des prisons, trad. par Picot. *Paris, Guillaumin,* 1842, in-8, demi-rel. ch. n.

83. Schnitzler. Statistique générale, méthodique et complète de la France. *Paris, Lebrun,* 1846, 4 vol. in-8, demi-rel. ch. n.

84. Dareste de la Chavanne. Histoire de l'administration en France. *Paris, Guillaumin,* 1848, 2 vol. in-8, demi-rel. ch. n.

85. Vivien. Études administratives. *Paris, Guillaumin,* 1852, 2 vol. in-12, demi-rel. ch. n.

86. Gustave d'Hugues. Essai sur l'administration de Turgot dans la généralité de Limoges. *Paris, Guillaumin,* 1859, in-8, demi-rel. ch. n.

87. Say (Horace). Etudes sur l'administration de la ville de Paris et du département de la Seine. *Paris*, 1846, in-8, demi-rel.

88. Particularités et observations sur les ministres des finances de France les plus célèbres, depuis 1660 jusqu'en 1791. *Paris, Le Normant*, 1812, in-8, demi-rel. ch. v.

89. J. Bresson. Histoire financière de la France. *Paris, Dauvin*, 1843, 2 vol. in-8, demi-rel. ch. n.

90. Parnelle. De la Réforme financière en Angleterre, trad. de l'anglais par B. Laroche. *Paris*, 1832, in-8, demi-rel.

91. Comte Auguste Cieszkowski. Du Crédit et de la circulation. *Paris, Guillaumin*, 1847, in-8, demi-rel. ch. v.

92. Coullet et Juglar. Extraits des enquêtes parlementaires anglaises sur les questions de banque, de circulation monétaire, de crédit. *Paris, Furne*, 1865, 7 vol. in-8, br. (Enquêtes de 1810 à 1857.)

93. Léon Faucher. Études sur l'Angleterre. *Paris, Guillaumin*, 1845, 2 vol. in-8, demi-rel. v. br.

94. Histoire du Canal de Languedoc. *Paris, Crapelet*, 1805, in-8, demi-rel. ch. n.

95. Louis Reybaud. La Polynésie et les îles Marquises. *Paris, Guillaumin*, 1843, in-8, demi-rel. ch. bl.

---

96. Catalogues de beaux-arts, tableaux, dessins, curiosités, rédigés par Le Brun. — Mme de Julienne, 1778. — De Mme ***, 11 novembre 1778. — 10 décembre 1778. 3 vol. in-8, broch.

97. Catalogues de Beaux-Arts, rédigés par Fr. Basan. 21 mars 1768. — 9 décembre 1768. — Supplément à la vente du 21 mars 1768. — 2 mai 1769. — De M. ***, 13 mars 1770. — De M. ***, 27 mars 1770. — 14 janvier 1771. — 7 vol. in-8, br.

98. Catalogues de Beaux-Arts, rédigés par F. Basan. 17 mars 1767. — Fabre, 1771. — Le Brun fils, 1771. — 3 février 1772. — De M. M***, 2 février 1773. — 23 février 1778. — 6 br. in-8.

99. Catalogues de Beaux-Arts, rédigés par F. Basan. 4 février 1762. — Bouchardon, 1762. — 7 février 1763. — 10 décembre 1765. — 17 février 1766. — 22 avril 1766. — 7 janvier 1777. — 7 vol. in-8, br.

100. Catalogues de Beaux-Arts, tableaux, estampes, curiosités, rédigés par Paillet. De M..., 30 mars 1778. — Du cabinet d'un ancien officier, 30 novembre 1778. — de M***, 22 février 1779. 3 br. in-8.

101. Catalogues de Beaux-Arts, rédigés par Joullain fils. Bourlat de Montredon, 1778. — De l'abbé Terray, vente de décembre 1778. — Du même, 20 janvier 1779. 3 br. in-8.

102. Catalogues de Beaux-Arts, tableaux, estampes, livres, curiosités, rédigés par Joullain fils. De M. ***. 16 décembre 1771. — Benoist Audran, graveur, 1772. — Vente du 11 juin 1772. — De M. de ***, 27 mars 1773. — Tournier, 1773. — de M. de ***, 19 octobre 1775. — Saly, 1776. 7 vol. in-12, broch.

103. Catalogues de Beaux-Arts, dessins, tableaux, estampes, curiosités, rédigés par Joullain fils, Le Clerc, 1764. — Chavray, 1766. — Maréchal de Noailles, 1767. — Vente du 2 mars 1768. — Vente du 18 juin 1778. 5 vol. in-12, br.

104. Catalogue raisonné des Tableaux de différentes écoles, etc., qui composent le cabinet de M. de La Live de Jully, rédigé par Pierre Remy. *Paris*, 1769, in-12, br.

105. Catalogues de Beaux-Arts, tableaux, estampes, curiosités, rédigés par Pierre Remy. Fortier, 1770.

— Vente du 18 avril 1870. — Vente du 1er avril 1773. — De M. M***, 1er avril 1776. 4 in-12 br.

106. Catalogues de Beaux-Arts, rédigés par Glomy, Bailly, 1767. — De M***, 1799. — Lainé de Versailles, 1766. 3 broch. in-12.

107. Catalogues de Beaux-Arts. Coypel, 1753. — Benj. Dacosta, la Haye, 1764. — Pierre le Brun, 1771. — De M. de Jaback, 1772. — Fréron, 1776, — George-Guillaume Bögner, Francfort, 1778. — Du sieur Bedouet, dit Langevin, 1774, et autres. 22 br. in-12 et in-8.

---

108. Dictionnaire (nouveau) français-allemand et allemand-français. *Strasbourg et Paris*, 1810-12, 2 vol. in-4, cart.

109. GALLERIA Giustiniana, del marchese Vincenzo Giustiniani. *S. l. n. a.*, 2 vol. in-fol. 330 planches gravées demi-rel.

110. ANACRÉON, Sapho, Bion et Moschus, trad. de Moutonnet de Clairfons. *Paphos, et se trouve à Paris chez Le Boucher*, 1773, in-8, tiré in-4, maroquin rouge, fil. tr. dor. *Vignettes d'Eisen.*
Bel exemplaire.

111. Lamartine (A.). Nouvelles Méditations poétiques. *Paris*, 1823, in-8, br.
Édition originale.

112. CONTES ET NOUVELLES EN VERS, par M. de La Fontaine. *Amsterdam*, 1762, 2 vol. pet. in-8, bas. *Figures.*
Édition des Fermiers généraux. Exemplaire court de marges.

113. Les Contes de La Fontaine. *Paris, Nepveu*, 1820, 4 vol. in-12, papier vélin, figures avant la lettre, demi-rel. mar. non rogn.

114. OEuvres de Molière. *Paris*, 1770, 8 vol. in-12, rel. *Figures d'après Boucher.*

115. Le Décaméron de Jean Boccace (trad. par Le Maçon). *Londres (Paris)*, 1757, 5 vol. in-8, pap. de Hollande, maroquin rouge, fil. tr. dor.

Bel exemplaire avec double suite. Figures de Gravelot.

116. Les Amours de Faublas, par Louvet de Couvray. *Paris, Tardieu*, 1821, 4 vol. in-8, mar. tr. dor. *Figures*.

Bel exemplaire.

117. Félibien et Lobineau. Histoire de Paris, 1725, 5 vol. in-fol. v.

Exemplaire en grand papier, avec tous les plans.

---

118. Thesaurus linguæ græcæ, ab Henrico Stephano constructus, ediderunt Hase, Sinner et Th. Fix. *Parisiis, Didot*, 1831-65, 67 livraisons in-fol.

Exemplaire en grand papier et complet.

---

119. Allgemeine Encyklopædie der Wissenschaften und Kunste, hrsgg. von Ersch und Grüber. *Leipzig*, 1818-60, 134 vol. in-4, cartonnés u. rogu.

---

120. Il sera vendu sous ce numéro un grand nombre de livres en lots.

FIN.